Chema y Chimo

por Olga Melania Ulloa • ilustrado por Eldon Doty

Destreza clave Sílabas con *Chch*

Scott Foresman
is an imprint of

Chema es un chimpancé grande.

Chimo es un chimpancé chiquito.

Chema tiene una chaqueta chiquita.

Chimo tiene un chupete grande.

—Chimo, vamos a chapotear en el charco —dijo Chema.

—Chema, veo un chacal —dijo Chimo.

—¡Chimo, qué mal chiste! —dijo Chema.